曹錦炎 校釋

金薤留珍

浙江人民美術出版社

圖書在版編目（CIP）數據

金薤留珍 / 曹錦炎校釋 . -- 杭州 : 浙江人民美術出版社 , 2019.8
ISBN 978-7-5340-7221-5

Ⅰ . ①金… Ⅱ . ①曹… Ⅲ . ①古印 (考古) —研究—中國 Ⅳ . ① K877.64

中國版本圖書館 CIP 數據核字 (2018) 第 295146 號

金薤留珍

曹錦炎 校釋

策　　劃：蘅風堂
責任編輯：徐寒冰
文字編輯：傅笛揚
責任校對：余雅汝
責任印製：陳柏榮

出版發行　浙江人民美術出版社
地　　址　杭州市體育場路347號
電　　話　0571-85176089
網　　址　http://mss.zjcb.com
經　　銷　全國各地新華書店
製　　版　浙江新華圖文製作有限公司
印　　刷　浙江海虹彩色印務有限公司
開　　本　889mm × 1194mm　1/32
印　　張　13.75
字　　數　145千字
版　　次　2019年8月第1版・第1次印刷
書　　號　ISBN 978-7-5340-7221-5
定　　價　168.00圓

金蓮留珠

莊蘊寬

莊蘊寬

中華民國七十五年歲次丙寅
故宮博物院古物館傳拓

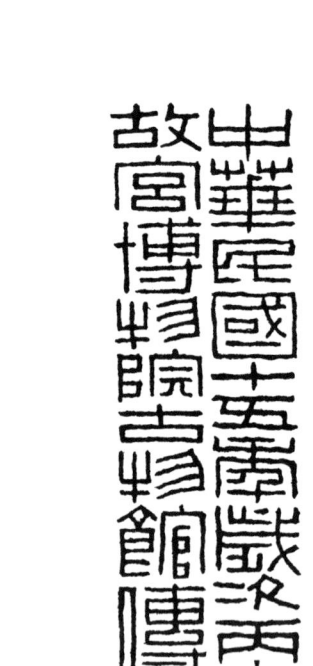

金薤留珍五集爲清乾隆朝所搜古銅印凡一千二百九十餘事當時儲爲東壁圖書府五篋就篋爲譜計官印二百二十有一各以類從私印一千又七十皆以姓别文字之不可辨者附焉其數約略等於番禺潘穀堂之看篆樓及高要何伯瑜蘧菴兄弟之吉金齋二譜所藏以漢印爲多秦璽雜印不及十之二亦與二譜相髣髴有清一代藏印之精且夥者莫不以濰縣陳簠齋之萬印樓爲巨擘而手拓是譜者仍爲何氏兄弟以其吉金齋所藏爲基礎而看篆樓譜又即吉金齋所從出故言選印之精者不能不最此二譜也今兹五集所選之印既與二譜梗概略同且官印之多倍之有强而内府珍祕復爲世間所不經見縱當時釐剔未淨稍有微瑕不足掩瑜其爲瓌寶無煩費辭民國十四年之秋成立故宫博物院院中析爲二館曰古物曰圖書院設董理事會以李君煜

瀛爲理事長館設長一副長二古物館則以易君培基張君繼馬君衡分任其職今歲春間京師軍興辱公推蘊寬維持院事金薤留珍藏印爲古物館所儲早有傳拓之議軍事粗定乃决就原譜編次重拓二十四部體例類别悉仍其舊釋文間有差譌並爲訂正附諸目端不可辨者仍存疑焉主鈐拓之事者爲王君禔唐君源鄴馬君衡吴君瀛襄助鈐拓者爲周君白吾齊君念衡莊君嚴馬君權凡三閱月而竣事與此譜同時傳拓者有散氏盤頌鼎大鼎芮公敦杞卣漢鈁新嘉量凡七種時事阽隉時有長林灃覆之慮使此吉金文字稍稍傳播爲經籍稽古之助或亦當世君子之所許乎民國十五年八月武進莊蘊寬

金

留

弥

鳥遺神跡皇頡循書傳六體篆寂真岣嶁石鼓傳鴻文依稀星斗懸高要求其近是當於秦漢承其法徵據陳撥蠟鑄金鐫泐勻封邑爵𨁽[illegible]

然分詎惟鑒古怡心神
籍考數千年華因誰搜
輿衍金薤琳藏弆已久
典内人屏擋惟謹錯置
紛重排次命翰苑臣乃
得列眉指掌紋斗檢壇

紐各編繗翠光褐色古
且新龜文斜列櫛龍鱗
鼎彝之側席上賓靜為
瑞星動矞雲
御製古銅章歌
臣嵇璜敬書

目録

莊蘊寬序……一
嵇璜序……七
金薤留珍目録……一
東集……五九
軍司馬印……五九
軍假司馬……六三
假司馬印……六七
別部司馬……七一
後將軍假司馬……七六
監營司馬……七七
左將軍軍司馬……七七
兼前將軍司馬……七七
殿中司馬……七七
武勇司馬……七八
軍曲候印……七八
軍曲候之印……八三
軍曲候丞印……八三
軍假候印……八三
關中侯印……八四
關内侯印……八四
關外侯印……八五
景陽亭侯……八五
明義侯家丞……八五
新定縣侯之印……八六
部曲將印……八六
騎部曲將……九三
副部曲將……九六
部曲督印……九六
壁集……九九
部曲督印……九九
騎部曲督……九九
騎督之印……一〇〇
將兵都尉……一〇一
剡左尉印……一〇一

輔國將軍章……一〇二
伏波將軍……一〇二
强弩將軍章……一〇二
左部偏將軍……一〇二
偏將軍印章……一〇三
偏將軍印……一〇三
禽（擒）適（敵）將軍章……一〇三
龍驤將軍章……一〇三
虎賁中郎將印……一〇四
牙門將印……一〇四
牙門將之章……一〇四
奉車都尉……一〇五
駙馬都尉……一〇五
阿陽長印……一〇五
東海廟長……一〇六
故鄣長印……一〇六
新陽長印……一〇六
魏烏丸率善佰長……一〇六
魏烏丸率善長……一〇七
魏率善羌佰長……一〇七
魏率善氐佰長……一〇七
魏率善氐邑長……一〇八
漢歸義胡佰長……一〇八
晉烏丸率善佰長……一〇八
晉率善羌佰長……一〇八
晉率善氐仟長……一〇九
晉率善氐佰長……一〇九
晉率善氐邑長……一〇九
僞陵馬丞印……一一〇
鄭縣馬丞印……一一〇
就武男家丞……一一〇
左馮翊丞……一一〇
顯平詹事丞印……一一一
河東公主丞印……一一一
親晉王印……一一一
親晉胡王……一一一

晉歸義氏王……一一二
呰鄉世子印……一一二
中使之印……一一二
臨涇令印……一一三
單尉爲百衆刻千歲印……一一三
魏興太守章……一一三
中大將軍校尉章……一一三
杜陵□史……一一四
趙永私印……一一四
趙賀私印……一一四
趙定私印……一一四
趙禹私印……一一五
趙樅私印……一一五
趙竟私印……一一五
趙匡私印……一一五
趙詡私印……一一六
趙衍私印……一一六
趙闓私印……一一六
趙武之印……一一六
趙尊之印……一一七
趙廣之印……一一七
趙鮮之印……一一七
趙稱之印……一一七
趙廣漢印……一一八
趙横之印……一一八
趙護之印……一一八
趙士檜印……一一八
趙氏不俄……一一九
梢右大……一一九
趙常有……一一九
趙嬰齊……一一九
趙益昌　趙長孟……一二〇
趙盧稽……一二〇
趙仲……一二〇
趙勝……一二〇
趙可……一二一

趙焉……一二一
趙忠……一二一
趙未　臣未……一二一
趙徽……一二二
孫由私印……一二二
孫堪私印……一二二
孫渡私印……一二三
孫賽私印……一二三
孫剛私印……一二三
孫世之印……一二三
孫廣之印……一二四
孫聖麐印……一二四
孫並信印……一二四
孫稱信印……一二五
孫成印　孫少孺……一二五
孫不侵……一二五
孫憲……一二五
孫樂……一二六
孫參……一二六
孫尊……一二六
孫遂……一二七
孫賢……一二七
孫宣……一二七
孫綬……一二七
孫質……一二八
孫譚……一二八
李□私印……一二八
李隆私印……一二八
李戎私印……一二九
李參私印……一二九
李臨私印……一二九
李咸私印……一二九
□拘私印……一三〇
李樂私印……一三〇
李受私印……一三〇
李蜀之印……一三〇

李説之印……一三一
李田之印……一三一
李順之印……一三一
李鄴之印……一三二
李忠之印……一三二
李禁之印……一三二
李術之印……一三二
李廣之印……一三三
李孟之印……一三三
李珙之印……一三三
李受印信……一三三
李萬歳印……一三四
李千秋印……一三四
李逢時印……一三四
李異衆印……一三四
李子齊印……一三五
李遂成印……一三五
李長賓印……一三五
李辟彊印　李子佩……一三五
李逢印……一三六
李況印……一三六
李忠印……一三六
李便印……一三六
李壽王……一三七
李猛士……一三七
李千秋　日利……一三七
〔肖形印〕李罝豎……一三七
李幼猜……一三八
李信……一三八
李賢……一三八
李德……一三八
李氏……一三九
李世……一三九
李秋……一三九
李臺……一三九
李寶……一四〇

李平……一四〇
李禄……一四〇
李始……一四一
李祐……一四一
李貢……一四一
李甲……一四一
李溥……一四二
周軌私印……一四二
周護私印……一四二
周元私印……一四二
周忠之印……一四三
周義之印……一四三
周外之印　臣外之印……一四三
周安世印……一四三
闞里周仲　周子音印……一四四
周充印……一四四
周陽⿰女幾……一四四
周鶱……一四四
吴賞私印……一四五
吴立私印……一四五
吴望私印……一四五
吴子嚴印……一四六
吴去病印……一四六
吴横昌……一四六
吴息　臣息……一四六
吴焉……一四七
吴畔……一四七
鄭安私印……一四七
鄭衆之印……一四七
鄭奉光印……一四八
鄭望印……一四八
鄭肥……一四八
鄭拾……一四八
王鳳私印……一四九
王宣私印……一四九
王萌私印……一四九

王䀠私印……一五〇
王成私印……一五〇
王收私印……一五〇
王尊私印……一五〇
王守私印……一五一
王崇私印……一五一
王隆私印……一五一
王豐私印……一五二
王蜀私印……一五二
王普私印……一五二
王安私印……一五二
王就私印……一五三
王祖私印……一五三
王登私印……一五三
王雲私印……一五三
王釲私印……一五四
王國之印……一五四
王良之印……一五四
圖集……一五五
王延之印……一五五
王横之印……一五五
王安之印……一五五
王望之印……一五五
王志之印……一五六
王成之印……一五六
王福之印……一五六
王强之印　臣强……一五六
王譚之印……一五七
王君公印……一五七
王病巳印……一五七
王長賓印……一五七
王千秋印……一五八
王覃印信……一五八
王湯信印……一五八
王□印……一五八
王建印……一五九

王穰印……一五九
王彊印……一五九
王毋傷　臣毋傷……一五九
王千秋……一六〇
王緄　王王孫……一六〇
王建成……一六〇
王毋辟　臣毋辟……一六〇
王忠……一六一
王充……一六一
王平……一六一
王與……一六一
王猍……一六二
王遳……一六二
王佗……一六二
王更……一六二
王聖……一六三
王更……一六三
王陵……一六三
王成……一六三
王偃……一六四
王何……一六四
王懷……一六四
王産……一六四
王迖　臣迖……一六五
王絢……一六五
王□……一六五
王敞……一六五
王憲……一六六
馮戎私印……一六六
馮賀之印……一六六
馮丹之印……一六七
馮牴之印……一六七
馮豪……一六七
馮信……一六七
魏陽都……一六八
魏衆之印……一六八

魏明印……一六八
魏章印……一六八
魏延年……一六九
魏章私印……一六九
魏福　臣福……一六九
魏壙……一六九
陳豐私印……一七〇
陳並私印……一七〇
陳黑私印……一七〇
陳買私印……一七〇
陳業私印……一七一
陳利之印……一七一
陳禁之印……一七一
陳子康印……一七一
陳長君印……一七二
陳不侵印……一七二
陳不害……一七二
陳就……一七二
陳襄……一七三
陳行……一七三
陳牲……一七三
衛强私印……一七三
衛樂世印……一七四
衛駿印……一七四
衛長絫……一七四
衛德……一七四
衛業……一七五
衛臣……一七五
韓迴之印……一七五
韓未印……一七五
韓減……一七六
韓禹……一七六
韓樂……一七六
楊奠私印……一七六
楊護私印……一七七
楊延年印……一七七

楊氏仲翬……一七七
椋守印……一七七
楊叵印……一七八
楊千秋……一七八
楊虞君……一七八
楊延壽……一七八
楊忘得……一七九
楊賽……一七九
楊乙……一七九
楊護……一七九
楊戚……一八〇
楊賞……一八〇
楊憙……一八〇
楊穿……一八〇
楊瘱……一八一
朱延壽印……一八一
朱賜光印……一八一
秦穆印信……一八一
秦捐……一八二
許蒼私印……一八二
許友之印……一八二
許少君印……一八二
許寧宇印……一八三
許君固印……一八三
許癸　許安……一八三
許輔……一八三
何煖私印……一八四
何泰之印……一八四
呂護私印……一八四
呂放私印……一八四
呂貴之印……一八五
呂遂之印……一八五
呂福……一八五
張衆私印……一八五
張象私印……一八六
張郁私印……一八六

張輔私印……一八六
張鎮私印……一八六
張最私印……一八七
張光私印……一八七
張閎私印……一八八
張己私印……一八八
張臨私印……一八八
張路私印……一八八
張鳳私印……一八九
張咸私印……一八九
張廣私印……一八九
張猛私印……一八九
張弼私印……一九〇
張戎私印……一九〇
張宜私印……一九〇
張良私印……一九一
張葆私印……一九一
張清私印……一九一
張勝之印……一九二
張順之印……一九二
張偉之印……一九二
張邦之印……一九二
張午之印……一九三
張弘之印……一九三
張宗之印……一九三
張安之印　臣安……一九三
張它人印……一九四
張蓋衆印……一九四
張大普印……一九四
張常賢印……一九四
張安昌印……一九五
張毋畏印……一九五
張從氣印……一九五
張千秋印……一九五
張參印信……一九六
張達時印……一九六

張定國印　張幼卿印……一九七
張受之印……一九七
張延壽印……一九七
張調印……一九七
張狗印……一九八
張外印……一九八
張耐印……一九八
張庶睪　臣庶睪……一九八
張長兄……一九九
張安世……一九九
張舍人……一九九
張安定　張少公……一九九
張延壽……二〇〇
張宜王　臣宜王……二〇〇
張野臣……二〇〇
張初……二〇〇
張禁……二〇一
張宣……二〇一
張朹……二〇一
張忘遇〔肖形印〕……二〇一
張受……二〇二
張鼎……二〇二
張衆……二〇二
張恆……二〇二
張觸……二〇三
張□……二〇三
張齊……二〇三
張喜……二〇三
張止……二〇四
張代……二〇四
張宮……二〇四
張黑……二〇四
張臨……二〇五
張疵……二〇五
張遂　臣遂……二〇五
張從……二〇五

張福……一〇六
張匽……一〇六
張買……一〇六
張參……一〇六
孔年……一〇七
孔爵　臣爵……一〇七
曹安漢……一〇七
曹衡私印……一〇七
曹從……一〇八
嚴珍之章……一〇八
金豐私印……一〇八
戚長君印　戚毋害印……一〇八
謝林私印……一〇九
謝護私印……一〇九
鄒吉之印……一〇九
鄒良印信……一〇九
宋遂私印……一一〇
宋充私印……一一〇
宋長私印……一一〇
宋臨私印……一一〇
宋歸私印……一一一
汝南安成宋外字外人……一一一
宋不識印……一一一
宋忘得……一一一
宋賞……一一二
宋讐……一一二
宋德……一一二
宋顥……一一二
宋郾……一一三
宋福……一一三
宋壽……一一三
馬敞私印……一一四
馬守私印……一一四
馬禹私印……一一四
馬齊私印……一一四
馬秋私印……一一五

馬充之印……一二五
馬彤之印……一二五
馬温舒印……一二五
馬適衡印……一二六
馬適宮印……一二六
馬友祟印……一二六
馬弘印……一二六
馬莫邪……一二七
馬病去……一二七
馬長年……一二七
馬忠……一二七
馬觸……一二八
馬受……一二八
徐況私印……一二八
徐居之印……一二八
徐咸之印……一二九
徐弘信印……一二九
徐亦世印……一二九
徐博……一二九
徐禹……一三〇
徐安……一三〇
徐順……一三〇
童永私印……一三〇
黄立私印……一三一
董誤之印　董少公印……一三一
董宣之印……一三一
董禹印……一三一
董周印……一三二
董長印……一三二
董勝……一三二
董輔……一三二
董得……一三三
劉初私印……一三三
劉勝私印……一三三
劉安私印……一三三
劉憲私印……一三四

劉容之印……一二四
劉猛友印……一二四
劉祈印信……一二四
劉翁孟……一二五
劉魁……一二五
尹鳳私印……一二五
尹忠私印……一二五
尹尊私印……一二六
尹勝私印……一二六
尹崇私印……一二六
尹僕私印……一二六
尹從之印……一二七
尹千秋印……一二七
尹萬歲印……一二七
尹明……一二八
尹熹……一二八
尹時……一二八
樂隆私印……一二八
樂士私印……一二九
樂脩之印……一二九
樂未央印……一二九
樂利親印……一二九
樂偏……一三〇
樂畢……一三〇
傅敞之印……一三〇
傅聯印信……一三〇
傅延壽……一三一
傅外印　傅中卿……一三一
傅黨……一三一
左曼私印……一三一
左由私印……一三二
左玄私印……一三二
左戎私印……一三二
左調私印……一三二
左崇之印……一三三
左饒之印……一三三

左親之印……一二三三
左談之印……一二三三
左林之印……一二三四
左長孫印……一二三四
左萬……一二三四
虞敞私印……一二三四
虞遂成……一二三五
虞壽……一二三五
虞距……一二三五
虞放……一二三六
高富私印……一二三六
高皋私印……一二三六
高林私印……一二三六
高友私印……一二三七
高歙私印……一二三七
高得之印……一二三七
高海之印……一二三七
高賢之印……一二三八
高登之印……一二三八
高龍子印……一二三八
高頎……一二三八
高沛……一二三九
靳戎之印……一二三九
鞠章之印……一二三九
靳術……一二三九
苑勝……一二四〇
書集……一二四一
郭陽私印……一二四一
郭佳私印……一二四一
郭憲私印……一二四一
郭安之印……一二四一
郭颯印信……一二四二
郭次君印……一二四二
郭奉德印……一二四二
郭就印……一二四二
郭吕印……一二四三

郭誼印……一四三
郭彭祖……一四三
享吸……一四三
郭福……一四四
郭敞……一四四
享鸗……一四四
郭圍……一四四
郭禹……一四五
杜隆私印……一四五
杜妨之印……一四五
杜尊之印……一四五
杜親之印……一四六
杜萬……一四六
杜畜……一四六
任芰之印……一四六
任寬之印……一四七
任尊之印……一四七
任賢之印……一四七
任彭沮印……一四七
任賀……一四八
黄之私印……一四九
黄吉私印……一四九
黄喜私印……一五〇
黄忠之印……一五〇
黄音私印……一五〇
黄神越章……一五〇
黄兄　黄視……一五一
黄聽……一五一
成相私印……一五一
成遷私印……一五二
成長之印……一五二
成攻勝之　臣勝之……一五三
成細君……一五三
成延年……一五三
成當……一五三
成便……一五四

成海……一五四
夏譚私印　夏子儀印……一五四
夏鳳私印……一五四
夏賢之印……一五五
夏憲之印……一五五
夏弘之印……一五五
夏譚……一五五
夏訢……一五六
陽順私印……一五六
陽成終印……一五六
陽成秋印……一五六
楊與成印……一五七
陽欣……一五七
田譚私印……一五七
田壽私印……一五七
田賢私印……一五八
田戎之印……一五八
田忠之印……一五八
田璜……一五八
田逆……一五九
田尊……一五九
厗德私印……一五九
龐鳳私印……一五九
龐荼私印……一六〇
龐並印……一六〇
龐詡……一六〇
彭成私印……一六〇
彭將來印……一六一
彭護衆印……一六一
彭遂之印……一六一
彭安印……一六一
單憙私印……一六二
單吏之印……一六二
單少卿印……一六二
良里單印……一六二
單人祭尊……一六三

單壽……二六三
侯常私印……二六三
侯農私印……二六三
侯福私印……二六四
侯尉私印……二六四
侯放私印……二六四
侯高私印……二六四
侯阮之印……二六五
侯朋印章　比……二六五
侯詩……二六五
侯代……二六五
侯同……二六六
史美私印……二六六
史豐私印……二六六
史聖之印……二六六
史柳之印……二六七
史咸之印……二六七
史禄之印……二六七
史倉之印……二六七
皮獲宗印……二六八
史承賢印……二六八
史得意印……二六八
史穿信印……二六八
史穰印……二六九
程豐私印……二六九
程當之印……二六九
程奉上印……二六九
程杜國印……二七〇
程問𡰥（夷）印……二七〇
程當時　日利……二七〇
程番梧　程卿……二七〇
程敞……二七一
程通　日利……二七一
程延壽……二七一
程赦……二七一
程齒……二七二

程由……二七二
莊買私印……二七二
莊德私印……二七二
莊德之印……二七三
莊杜之印……二七三
莊友之印……二七三
莊奉世印……二七三
莊慶……二七四
莊樛……二七四
龔宏私印……二七四
龔大年印……二七四
龔魯人……二七五
賈千秋……二七五
賈彪……二七五
賈志……二七五
雍根私印……二七六
雍賢私印……二七六
雍逢……二七六
富軻私印……二七六
富順私印……二七七
富美之印……二七七
富武强印……二七七
富賢（賢）□□……二七七
路石之印……二七八
路武之印……二七八
路豐……二七八
毛福私印……二七八
毛忠之印……二七九
毛長君印……二七九
毛明友印……二七九
梁舷之印……二七九
梁虞人……二八〇
梁騰……二八〇
鄧駿之印……二八〇
鄧到……二八〇
慶循私印……二八一

慶文私印……一二八一
慶安衆印……一二八一
茅鄉……一二八一
茅个……一二八二
郝延年印……一二八二
郝慶……一二八二
爰聖私印……一二八二
爰羆軍印……一二八三
垣詮印……一二八三
觀廣私印……一二八三
袁普私印　袁巨君印……一二八三
蔡公信印……一二八四
畢延壽印……一二八四
錡隆私印……一二八四
霍義之印……一二八四
霍未少……一二八五
桓護私印……一二八五
桓湯之印……一二八五
服忠之印……一二八五
辛戎之印……一二八六
李岑之信印……一二八六
賈壽……一二八六
冬蓋私印……一二八六
冬願私印……一二八七
潘禹　臣禹……一二八七
摯交便……一二八七
隨彭……一二八七
井柱之印……一二八八
甄翁生印　日利千萬……一二八八
增奮印……一二八八
盧建印……一二八八
長信君印……一二八九
駱恬印……一二八九
武長壽印……一二八九
鐘晏私印……一二八九
余禁……一二九〇

巨沮彈印……一九〇
卜胡之印……一九〇
扁調……一九〇
宛護私印……一九一
敕忠私印……一九一
暴不害印……一九一
瞿長樂印……一九一
毋忠……一九二
羊異……一九二
丘用堇章……一九二
丘常……一九二
齊尊之印……一九三
齊平印……一九三
商延……一九三
肥安成……一九三
肥終……一九四
輔嬰隋……一九四
稾（郭）高……一九四
常欣……一九四
里歆私印……一九五
明上……一九五
烏昫聞……一九五
繆承章印……一九五
范曾子印……一九六
范賢……一九六
蕭中巳　臣中巳……一九六
南邪　日利……一九六
所章印……一九七
頓宮之印……一九七
顏平……一九七
州武之印……一九七
州長遂印……一九八
父老……一九八
善壽……一九八
閭丘阜印……一九八
閭丘猛……一九九

署毋傷……一九九
封破胡印……一九九
吾丘部……一九九
翟捐……二〇〇
翟延……二〇〇
倉善……二〇〇
犂青辟……二〇〇
繚赦……二〇一
召相……二〇一
召武……二〇一
大叔長子　大叔赦之……二〇一
上官駿印……二〇二
西門舍……二〇二
綦毋效印……二〇二
淳于德印……二〇二
淳于弘印……二〇三
淳于蕊……二〇三
公孫順私印……二〇三
公孫勝印……二〇四
公孫欸印……二〇四
公孫饒印……二〇四
公孫□軍……二〇四
公孫春……二〇五
公孫内……二〇五
司馬之印……二〇五
司馬尚印……二〇五
司馬成印……二〇六
司馬守印……二〇六
司馬閭印……二〇六
司馬益壽……二〇六
司馬去疢……二〇七
司馬奉……二〇七
召憲私印……二〇七
丁福之印……二〇七
丁豐之印章……二〇八
丁詡印……二〇八

丁渙……三〇八
丁咸……三〇八
長買私印……三〇九
龍彥佐……三〇九
府集……三一一
甯賽私印……三一一
甯祿之印……三一一
孟安私印……三一一
孟午私印……三一一
孟饒……三一二
石光私印……三一二
石史之印……三一二
石廣之印……三一二
石訢之印……三一三
石利之印……三一三
石郝　臣郝……三一三
石犢……三一三
長利唯印……三一四
輸符唯印……三一四
蓋沈印信……三一四
戰賢……三一四
中樂咸印……三一五
仲連氏……三一五
方栝之印……三一五
茅宣私印……三一五
甘腄行事……三一六
薛長受印……三一六
薛武印……三一六
事斁……三一六
事瘍……三一七
事閒……三一七
申戎私印……三一七
向滑鰲……三一七
向逢……三一八
焦伋私印……三一八
焦肆之印……三一九

焦丹之印　臣丹……二一九
焦義……二一九
紀宮印……二一九
紀衆……二二〇
羽子豪……二二〇
羽豐……二二〇
兒蟜私印……二二〇
弁安國　弁小青……二二一
兒恭……二二一
蘇育私印……二二一
蘇亘私印……二二一
蘇良之印……二二二
蘇顯印信……二二二
蘇剽容印……二二二
蘇定世　蘇君孟……二二二
郢相私印……二二三
□肱……二二三
師褒……二二三
師昂印信……二二三
芮贛……二二四
蒲彊私印……二二四
崔圍之印……二二四
滕買印……二二四
屈佚駿印　屈駿……二二五
郎樂之印……二二五
郎循之印……二二五
顧威之印……二二五
顧氏朗哉……二二六
耿常有印……二二六
耿吸……二二六
耿恭……二二六
衡良私印……二二七
官誤之印……二二七
尚咸私印……二二七
尚欽私印……二二七
尚普私印字子良……二二八

卑耐之印……三二八
卑肱白記……三二九
恆嘉……三二九
榮安私印……三二九
段游之印……三二九
段楚之印……三三〇
段堂之印……三三〇
茀武……三三〇
胡豐私印……三三〇
房賜私印……三三一
房園……三三一
樊農私印……三三一
蓋賜之印……三三一
魯柱宗……三三二
青世私印……三三二
江志私印……三三三
江師弓印……三三三
昭妏信印　昭長卿印……三三三
曾禄之印……三三四
桓龍……三三四
解安私印……三三四
宮音私印……三三四
萇釿印信……三三五
祝大君印……三三五
柲豐私印……三三五
鞏歸之印……三三五
聃慎之印……三三六
偏豐私印……三三六
泠反私印……三三六
泠憙……三三六
皇建之印……三三七
皇大之印……三三七
留商之印……三三七
原咸之印……三三七
宗式之印……三三八
宗安……三三八

迴通之印……三三八
溓饒私印……三三八
荏諫之印……三三九
古細之印……三三九
伊衆之印……三三九
譚喜之印……三三九
從中時印……三四〇
姚富私印……三四〇
沙門祖偁……三四〇
脩並私印……三四〇
殷壽私印……三四一
殷異方　臣異方……三四一
刀珍印信……三四一
刀堯之印……三四一
勶聖之印……三四二
韋咸私印……三四二
周況私印……三四二
唐福　臣福……三四二
監吉之印……三四三
監耐……三四三
韓並私印……三四三
鳴珂私印……三四三
大明詩人林古度之印……三四四
司國忠印……三四四
行子真印……三四四
桑成私印……三四四
种惲私印……三四五
季道……三四五
柳星……三四五
陸陽私印……三四五
逯豐……三四六
脩躬德以俟賢世興顯令名存……三四六
畏偏……三四六
日利……三四七
天麐……三四七
淺罣……三四七

德卿……三四七
頓首……三四八
德徽……三四八
□……三四八
公孫革……三四八
教化仁甫……三四九
謨父氏……三四九
天勝……三四九
山林……三五〇
蘱賞……三五〇
小窗……三五〇
千秋……三五〇
忠仁思士……三五一
田則　臣則……三五一
封……三五一
出入大吉……三五一
子敬……三五二
文侯……三五二
愚菴……三五二
劍士……三五二
之宲言事……三五三
詁……三五三
臣愛睡……三五三
頓首再拜……三五三
臣匡……三五四
世雄……三五四
生富……三五四
壽……三五四
率□⿷匚多……三五五
涯海維揚一俊人……三五五
昌……三五五
立木之鉩……三五五
日利……三五六
字肇魯……三五六
臣智〔肖形印〕……三五六
喜……三五六

□□之……三五七
聖人……三五七
昆合……三五七
睪蒼……三五七
江驩……三五八
胡次之印……三五八
楊朳……三五八
奚□□印……三五八
馬師龍印……三五九
陳□……三五九
灌瓦之印……三五九
明情……三五九
萇佩私印……三六〇
刑倗私印……三六〇
吕竟私印……三六〇
吕恢……三六〇
鄭泔……三六一
靳贅……三六一
淳于啓（肖形印）……三六一
孫通之印……三六一
成踼之……三六二
崔幸……三六二
徐佚私印……三六二
□□印信……三六二
高遂之印……三六三
畢穰印……三六三
鉼傄私印……三六三
翡雲私印……三六三
□良……三六四
鄳令之印……三六四
□光信印……三六四
折沖（衝）將軍之章……三六四
□□縣開國侯章……三六五
□黨私印……三六五
□忌私印……三六五
袍休尋印……三六五

陵臨私印……三六六
□侍之印……三六六
趫合成印……三六六
□□私印……三六六
柔猛私印……三六七
白兀……三六七
賈安……三六七
□房……三六七
□喜……三六八
清痾□……三六八
肴穀……三六八
事痔……三六八
長鄙……三六九
□□□揚……三六九
□□……三六九
蕀匿（匼）……三六九
事譻……三七〇
杢□……三七〇
必勑……三七〇
□蒟……三七〇
盧緦……三七一
宜又（有）百金……三七一
□……三七一
愿良……三七一
事敬……三七二
瓔稾（椁）……三七二
㕓（廚）暈……三七二
斅陰（陰）……三七二
肖（趙）朔……三七三
歍……三七三
郅（基）乍……三七三
私尔（璽）……三七三
叚（夏）猥……三七四
聖西乘□……三七四
長雩（華）……三七四
司馬豎……三七四

率□纏……三七五
□瓔……三七五
□□信鉩……三七五
邵誄……三七五
□□……三七六
旻（得）志……三七六
〔肖形印〕……三七六
頁□忌……三七六
□□……三七七
□□……三七七
長瓔……三七七
杢鬲……三七七
郏丞……三七八
紀忻信鉩……三七八
事敬……三七八
矛□……三七八
□……三七九
悊……三七九
長種（種）……三七九
青長見……三七九
王旃……三八〇
王生臣……三八〇
彔……三八〇
□□……三八〇
痀□……三八一
□□□□……三八一
□□□□……三八一
□□□□……三八一
□□……三八二
□□□□……三八二
□□□□……三八二
□□……三八二
□……三八三
于敏中跋……三八四
曹錦炎跋……三八七

金薤留珍目錄

東集

軍司馬印　鼻紐十六方

假司馬印　鼻紐十五方

後將軍假司馬　鼻紐二方

左將軍軍司馬　鼻紐

殿中司馬　鼻紐

軍曲侯印　鼻紐十九方侯當作候

軍曲侯丞印　龜紐侯當作候

關中侯印　龜紐塗金二方

軍假司馬　鼻紐十八方

別部司馬　鼻紐二十一方

監營司馬　鼻紐

兼前將軍司馬　鼻紐

武勇司馬　鼻紐

軍曲侯之印　龜紐侯當作候

軍假侯印　鼻紐二方侯當作候

關內侯印　龜紐三方塗金二

關外侯印 龜紐

明義侯家丞 鼻紐

部曲將印 鼻紐十方三

副部曲將 鼻紐

璧集

部曲督印 鼻紐二方

騎督之印 龜紐

剡左尉印 鼻紐

伏波將軍 鼻紐僞

左部偏將軍 鼻紐

景陽亭侯 龜紐塗金

新定縣侯之印 龜紐塗金

騎部曲將 鼻紐九方

部曲督印 鼻紐一方十

騎部曲督 鼻紐五方

將兵都尉 龜紐三方

輔國將軍章 龜紐塗金

強弩將軍章 龜紐塗金

偏將軍印章 龜紐

偏將軍印 龜紐

龍驤將軍章 龜紐塗金

牙門將印 龜紐二方

奉車都尉 龜紐

阿陽長印 鼻紐

故鄣長印 鼻紐

魏烏丸率善佰長 駝紐二方

魏率善羌佰長 駝紐

魏率善氐邑長 駝紐

晉烏丸率善伯長 駝紐

平邊將軍章 龜紐平邊當作禽適

虎賁中郎將印 鼻紐

牙門將之章 龜紐塗金

駙馬都尉 龜紐二方塗金一

東海廟長 鼻紐

新陽長印 鼻紐

魏烏丸率善長 駝紐

魏率善氐佰長 駝紐

漢歸義胡佰長 駝紐

晉率善羌佰長 駝紐

晉率善氐仟長 駝紐

晉率善氐邑長 駝紐二方

鄭縣馬丞印 鼻紐

左馮翊丞 鼻紐

河東公主丞印 鼻紐

親晉胡王 駝紐塗金

訾鄉世子印 龜紐

臨涇令印 鼻紐

顏興太守章 龜紐塗金顏當作魏

杜陵外史 龜紐殘

晉率善氐佰長 駝紐

隔陵馬丞印 鼻紐隔當作傿

就武男家丞 鼻紐

顯平詹事丞印 鼻紐

親晉王印 駝紐塗金

晉歸義氐王 駝紐塗金二方

中使之印 龜紐

單尉爲百衆刻千歲印 鼻紐

中大將軍校尉章 龜紐

趙永私印 鼻紐

趙賀私印 龜紐

趙禹私印 鼻紐

趙竟私印 龜紐

趙詡私印 龜紐

趙閎私印 獸紐

趙尊之印 鼻紐

趙鮮之印 龜紐

趙廣漢印 龜紐

趙護之印 鼻紐之當作工

趙氏不戚 鼻紐戚當作俄

趙定私印 鼻紐

趙樅私印 鼻紐

趙匡私印 龜紐

趙衍私印 龜紐

趙武之印 鼻紐

趙廣之印 龜紐

趙稱之印 鼻紐

趙横之印 鼻紐

趙士檜印 鼻紐檜當作襘

趙右大 鼻紐

趙常有 龜紐

趙益昌 趙長孟 穿帶

趙仲 獸紐子母印子印失

趙可 鼻紐

趙忠 壇紐

趙徽 龜紐

孫堪私印 龜紐

孫寶私印 龜紐寶當作賽

孫世之印 龜紐一獸紐一

孫聖嬰印 鼻紐

趙嬰齊 穿帶

趙盧稽 鼻紐

趙勝 龜紐勝字疑

趙焉 鼻紐

趙末 臣末 穿帶二方

孫由私印 龜紐

孫渡私印 龜紐

孫剛私印 鼻紐

孫廣之印 鼻紐

孫並信印 鼻紐

孫稱信印 鼻紐

孫不侵 鼻紐

孫樂 鼻紐

孫尊 龜紐

孫賢 鼻紐

孫緩 壇紐

孫譚 鼻紐

李隆私印 鼻紐

李參私印 龜紐

李戚私印 龜紐

孫成印 孫少孺 穿帶

孫憲 鼻紐二方

孫參 鼻紐

孫遂 龜紐

孫宣 鼻紐

孫質 壇紐

李彧私印 獸紐殘彧字疑

李戎私印 鼻紐

李臨私印 龜紐

李振私印 龜紐振字疑

李樂私印 鼻紐

李蜀之印 鼻紐

李田之印 鼻紐二方

李鄴之印 鼻紐

李禁之印 鼻紐

李廣之印 鼻紐

李珙之印 鼻紐

李萬歲印 鼻紐

李逢時印 龜紐

李子齊印 鼻紐

李受私印 鼻紐

李說之印 龜紐

李順之印 鼻紐

李忠之印 鼻紐

李術之印 鼻紐

李孟之印 鼻紐

李受印信 鼻紐

李千秋印 鼻紐

李異衆印 鼻紐

李遂成印 龜紐

李良賓印 龜紐子母印子印失良當作長

李逢印 鼻紐

李忠印 鼻紐

李壽王 龜紐

李千秋 日利 穿帶原譜失載日利

李幼猛 龜紐猛當作猜

李賢 鼻紐

李氏 鼻紐

李秋 鼻紐

李寶 鼻紐

李辟疆印 李子佩 穿帶疆當作彊佩當作佈

李況印 龜紐

李便印 鼻紐

李猛士 鼻紐

李買豎 燕形 穿帶

李信 鼻紐

李德 穿帶

李世 鼻紐

李臺 壇紐

李平 龜紐一壇紐一

李祿 鼻紐

李祐 辟邪紐殘子母印子印失

李甲 壇紐

周軌私印 鼻紐軌當作軫

周元私印 龜紐

周義之印 鼻紐

周安世印 龜紐

闕里周仲

周子音印 獸紐子母印原譜失載子印闕字疑

周充印 獸紐

周騫 壇紐

李始 鼻紐

李貢 辟邪紐

李溥 辟邪紐

周護私印 龜紐

周忠之印 鼻紐

周外之印

臣外之印 穿帶

周陽姬 龜紐姬當作孅

吳賞私印 鼻紐二方

吳立私印 獸紐子母印子印失

吳子嚴印 鼻紐

吳横昌 壇紐

吳焉 鼻紐

鄭安私印 鼻紐

鄭秦光印 鼻紐秦當作奉

鄭肥 獸紐肥字疑

王鳳私印 鼻紐一龜紐一

王節私印 龜紐節當作萌

王成私印 龜紐

吳望私印 龜紐殘

吳去病印 鼻紐

吳息 臣息 穿帶

吳畔 壇紐

鄭衆之印 龜紐

鄭望印 鼻紐

鄭恰 壇紐恰當作拾

王宣私印 鼻紐

王門私印 鼻紐門字疑

王收私印 獸紐

王尊私印 鼻紐

王崇私印 龜紐

王豐私印 龜紐

王普私印 龜紐

王就私印 獸紐

王登私印 獸紐子母印即圖集王長賓印之母印

王欽私印 鼻紐反文

王良之印 龜紐

圖集

王延之印 鼻紐

王守私印 龜紐

王隆私印 龜紐二方

王蜀私印 鼻紐

王安私印 龜紐

王祖私印 獸紐祖字疑

王雲私印 鼻紐

王國之印 鼻紐

王横之印 龜紐

王安之印 鼻紐

王志之印 龜紐

王福之印 鼻紐

王譚之印 鼻紐

王病已印 鼻紐

王千秋印 鼻紐王字疑

王湯信印 鼻紐

王建印 龜紐

王疆印 鼻紐疆當作彊

王千秋 壇紐

王壂之印 龜紐紐殘

王成之印 鼻紐

王強之印 臣強 穿帶

王君公印 龜紐

王長賓印 子母印即璧集王登私印之子印

王覃印信 獸紐子母印子印失

王杜印 鼻紐

王穰印 龜紐

王毋傷 臣毋傷 穿帶

王緹 王王孫 穿帶

王建成 穿帶

王忠 鼻鈕

王平 鼻鈕

王娱 壇鈕娱字疑

王佗 壇鈕

王聖 壇鈕

王隣 龜鈕

王偃 壇鈕

王懷 鼻鈕懷字疑

王徙 臣徙 穿帶徙字疑

王毋辟 臣毋辟 穿帶

王充 鼻鈕

王與 壇鈕與字疑

王原 鼻鈕殘原當作遒

王勇 龜鈕勇當作更

王更 壇鈕

王成 鼻鈕

王何 壇鈕

王產 鼻鈕

王絢 鼻鈕絢當作絢

王延 鼻紐延字疑

王憲 鼻紐

馮賀之印 鼻紐

馮抵之印 獸紐子母印子印失抵當作牴

馮信 鼻紐

魏衆之印 鼻紐

魏章印 龜紐

魏章私印 獸紐子母印子印失

魏壙 鼻紐

陳並私印 獸紐

王敞 鼻紐

馮戎私印 龜紐二方

馮丹之印 鼻紐

馮豪 子母印母印失

魏陽都 鼻紐

魏明印 鼻紐

魏延年 鼻紐

魏福 臣福 穿帶

陳豐私印 龜紐

陳黑私印 鼻紐

陳買私印 獸紐子母印子印係陳長君印原譜誤分爲二

陳利之印 鼻紐

陳子康印 鼻紐

陳不侵印 鼻紐

陳就 獸紐

陳行 鼻紐

衞強私印 龜紐

衞駿印 鼻紐

衞德 壇紐

衞臣 鼻紐

陳業私印 鼻紐

陳禁之印 龜紐

陳長君印 子母印母印係陳買私印

陳不害 壇紐

陳襄 鼻紐

陳牲 鼻紐

衞樂世印 鼻紐

衞長策 鼻紐

衞業 鼻紐

韓迵之印 龜紐

韓末印 鼻鈕

韓禹 龜鈕

楊蓑私印 鼻鈕蓑字疑

楊延年印 鼻鈕

楊守印 龜鈕

楊千秋 鼻鈕

楊延壽 鼻鈕

楊寶 鼻鈕寶當作賽

楊護 龜鈕

楊賞 鼻鈕

韓減 鼻鈕

韓樂 鼻鈕

楊護私印 龜鈕

楊氏仲翚 鼻鈕

楊亘印 鼻鈕

楊虞君 鼻鈕

楊忘得 鼻鈕

楊仁 壇鈕仁當作乙

楊戚 鼻鈕戚字疑

楊憙 鼻鈕

楊穿 壇紐

朱延壽印 鼻紐

秦穆印信 獸紐

許蒼私印 鼻紐

許少君印 鼻紐

許君囬印 獅紐

許輔 鼻紐

何泰之印 龜紐

呂放私印 鼻紐

呂遂之印 鼻紐

楊瘜 壇紐

朱賜光印 龜紐

秦捐 壇紐

許友之印 獸紐

許寧宇印 鼻紐

許癸 許癸 穿帶下一方 當作許安

何燦私印 鼻紐

呂護私印 鼻紐

呂貫之印 鼻紐 貫當作貴

呂福 鼻紐

張衆私印 鼻紐

張郁私印 獸紐

張鎮私印 龜紐

張光私印 鼻紐

張己私印 鼻紐

張路私印 鼻紐

張戚私印 龜紐

張猛私印 鼻紐

張戎私印 鼻紐二方

張良私印 龜紐一鼻紐一

張象私印 獸紐象當作象

張輔私印 鼻紐

張最私印 龜紐三方

張閎私印 鼻紐

張臨私印 龜紐

張鳳私印 獸紐

張廣私印 鼻紐

張弼私印 獸紐

張宜私印 龜紐子母印子印失

張葆私印 鼻紐

張清私印 鼻紐清字疑

張順之印 鼻紐

張郟之印 獸紐郟字疑

張弘之印 鼻紐

張安之印

臣安 穿帶

張蓋衆印 獸紐子母印子印失

張常賢印 龜紐

張毋畏印 龜紐畏字疑

張千秋印 龜紐

張逢時印 龜紐二獸紐一獸紐係子母印子印失

張勝之印 龜紐

張偉之印 龜紐

張午之印 龜紐

張宗之印 龜紐

張也人印 龜紐也當作它

張大晉印 鼻紐

張安昌印 龜紐

張從氣印 鼻紐

張參印信 獸紐子母印子印失

張定國印

張幼卿印 穿帶

張受之印 龜紐

張調印 壇紐

張外印 鼻紐

張庶罪 臣庶罪 穿帶罪當作辠

張安世 鼻紐

張安定 張少公 穿帶

張宜王 臣宜王 穿帶

張初 鼻紐

張宣 鼻紐

張邁 穿帶邁當作忘邁一面作皃形

張延壽印 鼻紐

張妸印 鼻紐妸當作狗

張耐印 獸紐耐字疑

張長兄 鼻紐子母印母印失

張舍人 壇紐舍作當齊

張延壽 鼻紐

張野臣 穿帶

張禁 鼻紐

張枚 鼻紐

張受 龜紐

張鼎 鼻紐

張恒 提梁紐

張提 龜紐提當作堪

張喜 壇紐

張代 壇紐

張黑 鼻紐

張疵 壇紐

張從 鼻紐

張匽 壇紐

張參 鼻紐

張衆 獸紐

張觸 壇紐

張齊 鼻紐

張之 穿帶之當作止

張宮 鼻紐

張臨 龜紐

張遂 臣遂 穿帶

張福 壇紐

張買 穿帶

孔年 鼻紐年當作千万

孔讎 臣讎 穿帶

曹衡私印 龜紐

嚴珍之章 橛紐無孔

戚長君印 獸紐子母印原譜失載子印戚無害印

鄒良印信 獸紐子母印子印失鄒良當作邢晨

謝護私印 鼻紐

宋克私印 龜紐克當作充

宋臨私印 鼻紐

汝南安成宋外字外人 龜紐

宋忘得 鼻紐

曹安漢 鼻紐

曹從 鼻紐

金豐私印 龜紐

謝株私印 獸紐株當作林

鄒吉之印 鼻紐

宋遂私印 龜紐

宋長私印 獸紐

宋歸私印 鼻紐

宋不識印 鼻紐

宋賞 鼻紐

宋讐 鼻紐

宋顥 鼻紐顥當作願

宋福 鼻紐一壇紐一

馬敞私印 龜紐子母印子印未取出

馬禹私印 龜紐

馬秋私印 鼻紐

馬彤之印 獸紐子母印子印失

馬適衡印 龜紐

馬友崇印 橛紐無孔

馬莫邪 龜紐馬當作馮

宋德 鼻紐

宋郾 壇紐

宋壽 鼻紐

馬守私印 龜紐

馬齊私印 鼻紐

馬克之印 龜紐克當作充

馬温舒印 龜紐子母印子印失

馬適宮印 龜紐

馬弘印 鼻紐

馬病去 穿帶

馬長年 鼻紐馬當作馮

馬觸 龜紐

徐況私印 獸紐

徐成之印 鼻紐成當作咸

徐亦世印 龜紐

徐象 鼻紐象當作禹

徐順 龜紐

董立私印 獸紐董當作黃

董誤之印

董少公印 龜紐子母印原譜誤分爲二

董宣之印 鼻紐

馬忠 鼻紐

馬受 鼻紐

徐居之印 龜紐

徐弘信印 鼻紐

徐博 獸紐

徐安 鼻紐

董永私印 龜紐董當作童

董禹印 鼻紐禹當作免

董周印 龜紐

董勝 鼻紐

董溥 鼻紐溥當作得

劉勝私印 龜紐子母印子印失

劉憲私印 鼻紐

劉猛友印 鼻紐

劉翁孟 鼻紐

尹鳳私印 鼻紐

尹尊私印 鼻紐

尹崇私印 龜紐

董長印 鼻紐

董輔 鼻紐

劉初私印 鼻紐

劉安私印 鼻紐

劉容之印 鼻紐

劉祈印信 龜紐

劉魁 壇紐劉當作甄

尹忠私印 鼻紐

尹勝私印 鼻紐

尹僕私印 鼻紐

尹從之印 鼻紐二方

尹萬歲印 鼻紐

尹憙 龜紐

欒隆私印 獸紐塗金

欒洛之印 獸紐子母印子印失洛當作脩

欒利親印 鼻紐

欒畢 壇紐

傅聯印信 獸紐子母印子印失

傅外印 傅中卿 穿帶

左憲私印 龜紐憲當作曼

尹千秋印 鼻紐

尹明 鼻紐

尹時 鼻紐

欒士私印 龜紐

欒未央印 鼻紐

欒偏 壇紐

傅敞之印 鼻紐

傅延壽 龜紐

傅黨 鼻紐

左由私印 鼻紐

左玄私印 鼻紐

左調私印 龜紐

左饒之印 鼻紐

左談之印 鼻紐

左長孫印 獸紐

虞敞私印 獸紐一 龜紐一

虞壽 鼻紐

虞放 鼻紐

高皋私印 龜紐

高友私印 鼻紐

左戎私印 龜紐

左崇之印 鼻紐

左親之印 鼻紐

左林之印 鼻紐

左萬 龜紐

虞遂成 龜紐

虞距 鼻紐

高富私印 鼻紐

高林私印 鼻紐

高歙私印 龜紐

高得之印 鼻紐

高賢之印 鼻紐

高龍子印 獸紐龍字疑

高沛 龜紐

靳章之印 鼻紐靳當作鞹

苑勝 壇紐

書集

郭陽私印 鼻紐

郭憲私印 鼻紐憲當作曼

郭颯印信 獸紐子母印子印失

高海之印 鼻紐海字疑

高登之印 鼻紐

高熉 龜紐

靳戎之印 鼻紐

靳術 壇紐

郭佳私印 錢紐

郭安之印 鼻紐

郭次君印 獸紐

郭奉德印 鼻紐

郭呂印 獸紐

郭彭祖 鼻紐

郭福 獸紐子母印子印失

郭讋 鼻紐

郭禹 鼻紐

杜妨之印 鼻紐

杜親之印 龜紐

杜畜 鼻紐

任寬之印 瓦紐

郭就印 鼻紐

郭誼印 瓦紐

郭吸 壇紐

郭敞 鼻紐

郭圉 壇紐

杜隆私印 鼻紐

杜尊之印 瓦紐

杜萬 鼻紐

任登之印 瓦紐登當作蓋

任尊之印 鼻紐

任賢之印 瓦紐

任賀 龜紐五 鼻紐一

黃吉私印 鼻紐

黃忠之印 鼻紐

黃神越章 鼻紐

黃德 鼻紐 德當作聽

成遷私印 鼻紐

成功勝之 臣勝之 穿帶

成延年 鼻紐

成傳 瓦紐 傳當作便

任彭沮印 龜紐

黃芝私印 龜紐 芝當作之

黃憙私印 獸紐

黃音私印 龜紐

黃兄 黃視 穿帶

成相私印 龜紐 四方

成長之印 瓦紐

成細君 鼻紐

成當 龜紐

成海 鼻紐

夏譚私印 獸紐子母印原譜失載子印夏子儀印

夏賢之印 鼻紐

夏弘之印 瓦紐

夏訢 鼻紐

陽成終印 鼻紐

陽與成印 鼻紐

田譚私印 龜紐

田賢私印 鼻紐

田忠之印 鼻紐

田達 鼻紐達當作逆

夏鳳私印 龜紐

夏憲之印 鼻紐

夏譚 鼻紐

陽順私印 龜紐

陽成秋印 鼻紐

陽欣 龜紐

田壽私印 龜紐

田戎之印 鼻紐

田璜 龜紐

田尊 鼻紐

龐德私印 鈕鼻

龐荼私印 鈕鼻

龐詡 鈕鼻

彭將來印 鈕鼻

彭遂之印 鈕龜

單憙私印 鈕鼻

單少卿印 鈕瓦

單人祭尊 鈕龜

侯常私印 鈕龜

侯福私印 鈕鼻

龐鳳私印 鈕龜

龐並印 鈕鼻

彭成私印 獸鈕子母印子印失

彭護衆印 獸鈕子母印子印失

彭安印 鈕鼻

單吏之印 鈕鼻

單良里印 鼻鈕當作良里單印

單壽 鈕龜

侯農私印 鈕鼻

侯尉私印 鈕瓦

侯放私印 鼻紐

侯阮之印 鼻紐

侯詩 辟邪紐

侯同 壇紐

史豐私印 鼻紐

史柳之印 鼻紐

史祿之印 龜紐

史獲宗印 鼻紐

史得意印 龜紐

史穰印 瓦紐

侯高私印 鼻紐

侯鳳印章 覆斗紐兩面印原譜失載小印朋

侯代 壇紐

史英私印 龜紐英當作莽

史聖之印 鼻紐

史咸之印 龜紐

史倉之印 鼻紐

史承賢印 鼻紐

史穿印信 瓦紐印信當作信印

程豐私印 鼻紐

程當之印 瓦紐

程柱國印 龜紐

程當時 日利 穿帶

程敞 鼻紐

程延壽 鼻紐

程齒 鼻紐

莊買私印 鼻紐

莊德之印 鼻紐

莊友之印 龜紐

莊慶 鼻紐

程奉己印 瓦紐己當作上

程問仁印 鼻紐

程番梧 程卿 穿帶

程通 日利 穿帶

程赦 鼻紐

程由 龜紐

莊德私印 龜紐

莊柱之印 瓦紐

莊奉世印 鼻紐

莊繆 鼻紐

龔宏私印 龜紐

龔魯 鼻紐魯當作魯人

賈彪 壇紐彪當作歔

雍根私印 鼻紐

雍逢 龜紐

富順之印 獸紐子母印子印失之當作私

富武强印 獸紐

路石之印 瓦紐

路豐 鼻紐

毛忠之印 獸紐

龔大年印 辟邪紐

賈千秋 鼻紐

賈出 壇紐出字疑

雍賢私印 鼻紐

富軻私印 鼻紐

富美之印 鼻紐

富貴 口口 穿帶一面畫像

路武之印 鼻紐

毛福私印 鼻紐

毛長君印 龜紐子母印子印失

毛朋友印 鼻紐朋當作明

梁虞人 鼻紐梁當作粱

鄧駿之印 鼻紐

慶循私印 鼻紐

慶安衆印 龜紐

茅午 鼻紐

郝慶 龜紐

爰罷軍印 鼻紐

觀廣私印 鼻紐

袁普私印

袁正君印 獸紐子母印原譜誤分爲二正當作巨

梁舷之印 獸紐

梁騰 壇紐

鄧到 鼻紐

慶文私印 瓦紐

茅卿 壇紐卿當作鄉

郝延年印 鼻紐

爰聖私印 獸紐

垣試印 獸紐試當作誙

蔡公信印 龜紐

錡隆私印 鼻紐

霍未央 龜紐

桓湯之印 鼻紐

辛戎之印 龜紐

貫壽 鼻紐

冬顊私印 鼻紐顊當作願

摯交便 龜紐

井柱之印 鼻紐

鄫奮印 鼻紐鄫字疑似從曾從壬

畢延壽印 鼻紐

霍義之印 龜紐

桓護私印 龜紐

服忠之印 獸紐子母印子印失

君岑之信印 龜紐君當作李

佟蓋私印 鼻紐佟當作冬

潘禹 臣禹 穿帶

隨彭 龜紐

甄翁孟印 日利千萬 穿帶孟字疑

盧逢印 鼻紐逢當作建

長信君印 鼻紐

武長壽印 瓦紐

余禁 瓦紐

卜胡之印 瓦紐

宛護私印 龜紐

暴不害印 鼻紐

毋忠 鼻紐

丘用堇章 瓦紐

齊尊之印 鼻紐

商延 瓦紐

駱恬印 鼻紐

鍾晏私印 鼻紐 鍾當作鐘

巨沮彈印 龜紐

扁調 鼻紐 扁字疑

勅忠私印 鼻紐 勅當作救

瞿長樂印 鼻紐

羊異 辟邪紐子母印子印失

丘常 鼻紐

齊平印 瓦紐

肥安成 壇紐

肥終 鼻紐

章高 鼻紐章字疑

里歆私印 鼻紐

烏眴門 鼻紐門字疑閤

范曾子印 瓦紐

蕭中巳 臣中巳 穿帶

所章印 鼻紐

顔平 鼻紐

州長遂印 鼻紐

眉壽 鼻紐眉當作善

輔嬰隋 鼻紐

常欣 瓦紐

明上 壇紐

繆承章印 鼻紐

范賢 鼻紐

南邪 日利 穿帶

頓宮之印 龜紐

州武之印 龜紐

父老 鼻紐

閻丘阜印 鼻紐

閭丘猛 紐壇

封砥胡印 鼻紐砥常作斫

翟捐 紐壇

倉善 紐壇

繚赦 紐鼻

召武 紐瓦

大叔長子 大叔赦之 獸紐子母印原譜誤分爲二

上官駿印 紐鼻

綦毋效印 紐壇

淳于弘印 紐鼻

署毋傷 紐壇

吾丘部 辟邪紐子母印子印失

翟延 紐鼻

黎青辟 鼻紐黎當作犂

召相 紐鼻

西門舍 紐壇

淳于德印 鼻紐二方

淳于恭 鼻紐恭字疑蕊

公孫儒私印 獸紐儒字疑悼

公孫㚤印 鼻紐㚤字疑

公孫冠軍 鼻紐冠當作罷

公孫大 壇紐

司馬尙印 龜紐

司馬守印 鼻紐

司馬益壽 鼻紐

司馬奉 鼻紐

丁福之印 龜紐

丁詡印 獸紐子母印子印失

公孫勝印 鼻紐

公孫節印 鼻紐節當作蕨

公孫春 壇紐

司馬之印 龜紐僞

司馬成印 鼻紐

司馬閭印 鼻紐

司馬去疢 鼻紐

丁憲私印 鼻紐丁當作召

丁豐之印章 鼻紐

丁渙 辟邪紐

丁咸 鼻鈕

龍彥佐 瓦鈕

府集

甯寶私印 龜鈕寶當作賽

孟安私印 鼻鈕

孟饒 龜鈕

石史之印 龜鈕

石訢之印 鼻鈕

石郝 臣郝 穿帶

唯印長利 鼻鈕

尤買私印 鼻鈕尤字疑

甯祿之印 瓦鈕

孟午私印 鼻鈕

石光私印 龜鈕

石廣之印 瓦鈕

石利之印 鼻鈕

石黑 壇鈕黑字疑

輸符唯印 鼻鈕

蓋沈印信 鼻紐

中樂成印 鼻紐

方栝之印 鼻紐

甘暐行事 鼻紐暐當作腫

薛武印 鼻紐

專揚 鼻紐專揚當作事鶍

申戎私印 鼻紐

向逢 鼻紐

焦肆之印 龜紐

焦義 龜紐

戰賢 鼻紐

仲連氏 獸紐子母印子印失

荼宣私印 鼻紐荼當作茅

薛長壽印 瓦紐壽當作受

專斁 鼻紐專當作事

專聞 鼻紐專聞當作事聞

向滑黎 瓦紐

焦伋私印 龜紐三方伋當作儔

焦丹之印 臣丹 穿帶

紀宮印 鼻紐

紀衆　壇紐

羽豐　辟邪紐

倪安國　倪小青　穿帶　倪當作弁

蘇育私印　鼻紐

蘇良之印　鼻紐

蘇剽容印　鼻紐

郢相私印　鼻紐

師褒　龜紐

芮贛　瓦紐子母印母印失

崔闓之印　龜紐

羽子豪　鼻紐

倪融私印　龜紐　倪當作兒

倪恭　鼻紐　倪當作兒

蘇買私印　紐殘　買當作鳳

蘇顥印信　龜紐子母印子印失

蘇定世　蘇君孟　穿帶

郢肱　鼻紐　郢字疑邸

師昂印信　獸紐子母印子印失

蒲疆私印　鼻紐　疆當作彊

滕買印　鼻紐

屈侯駿印　屈駿　獸紐子母印原譜誤分爲二

郥循之印　鼻紐

顧氏朗哉　龜紐

耿吸　龜紐

衡良私印　龜紐

尙咸私印　鼻紐

尙曾私印字子眞　龜紐

卑肱日記　龜紐日當作白

榮安私印　龜紐

叚楚之印　鼻紐

郥樂之印　龜紐

顧威之印　鼻紐顧當作顔

耿常有印　壇紐

耿恭　鼻紐

官誤之印　鼻紐

尙欽私印　鼻紐

卑耐之印　龜紐三方耐字疑

恒嘉　壇紐

叚游之印　獸紐子母印子印失

叚堂之印　鼻紐以上三印叚並當作段

苐武 瓦紐

房暘私印 鼻紐

樊農私印 獸紐

魯柱宗 鼻紐

江志私印 龜紐

昭妳信印 獸紐子母印原譜失載子印昭長卿印妳當作奴

曾祿之印 鼻紐

解安私印 龜紐

蒖欽印信 龜紐欽當作鈙

秘豐私印 龜紐秘當作祕

胡豐私印 龜紐

房園 壇紐

蓋賜之印 鼻紐

青世私印 龜紐四方

江師己印 龜紐己當作弓

桓龍 鼻紐

宮音私印 龜紐

祝大君印 鼻紐

鞏歸之印 鼻紐

聃慎之印 鼻紐

冷反私印 鼻紐

冷通之印 原譜有之而原印已佚舊以昭長卿印移置於此

冷憙 鼻紐以上三印冷並當作泠

皇大之印 瓦紐皇當作皐

京咸之印 鼻紐

宗安 鼻紐

濡饒私印 鼻紐濡字疑

古細之印 鼻紐

譚喜之印 鼻紐

偏豐私印 鼻紐

皇建之印 壇紐

留商之印 鼻紐

宗式之印 鼻紐

迵通之印 鼻紐

茬諫之印 鼻紐

伊衆之印 龜紐

從中時印 鼻紐

姚富私印 鼻紐

脩並私印 鼻紐

殷異方 穿帶原譜失載臣異方

刀堯之印 鼻紐

韋咸私印 鼻紐

唐福 臣福 穿帶

監耐 鼻紐

嗚珂私印 鼻紐子母印母印失

司國忠印 龜紐

棄成私印 鼻紐

沙門祖偁 鼻紐

殷壽私印 鼻紐

刀珍印信 辟邪紐子母印子印失

勮聖之印 瓦紐

唐況私印 龜紐唐況當作周況

監吉之印 瓦紐

幹並私印 鼻紐幹當作韓

大明詩人林古度之印 龜紐

行子眞印 獸紐

种惲私印 獸紐

季道 鼻紐

陸陽私印 龜紐

脩躬德以俟賢臣興顯令名存 龜紐臣當作世

亡偏 獸紐二方亡當作罠

天礜 瓦紐

德卿 竹節紐

德徽 橛紐無孔

公革 鼻紐當作公孫革

諆父氏 鼻紐

山林 龜紐

柳星 龜紐

途豐 龜紐途當作遂

日利 鼻紐

淺罪 壇紐罪當作臯

頓首 鼻紐

雙龍璽 獸紐

教化仁甫 鼻紐

天勝 瓦紐一龜紐一

蘋賞 龜紐蘋當作蘱

小窗 龜鈕

忠仁思士 鼻鈕

封 瓦鈕

子敬 鼻鈕

愚菴 鼻鈕

之宋言事 獸鈕

臣愛睡 瓦鈕

臣匡 鼻鈕

生富 壇鈕

世壽 瓦鈕疑右二字爲複姓左一字爲名

千秋 鼻鈕

臣則 臣則 穿帶前一臣字當作田

出入大吉 鼻鈕子母印子印失

文侯 龜鈕

劍士 鼻鈕

詁 獸鈕

頓首再拜 鼻鈕

世雄 壇鈕

壽 鼻鈕疑

淮海維揚一俊人 鼻鈕

昌 鼻鈕

日利 穿帶

臣智 穿帶

畫像 穿帶

紹之 鼻鈕紹之當爲口紹之

昆合 瓦鈕

江口 鼻鈕口當作驩

楊口 鼻鈕口當作朸

馬師口印 鼻鈕口當作譚

灌口之印 鼻鈕當作灌瓦止印

蔓口私印 鼻鈕口當作佩

立木之鉢 鼻鈕立字疑鉢當作鉩

字肇魯 龜鈕

喜 鼻鈕

俚 壇鈕

罪蒼 鼻鈕罪當作辠

胡口之印 龜鈕口當作次

奚口口印 鼻鈕當作奚口放印

陳口 鼻鈕

明口 壇鈕

邢口私印 鼻鈕邢口當作荆倫

呂口私印 獸紐口當作竟

鄭口 鼻紐

淳于口 穿帶口當作即一面畫像

成口之 鼻紐

口口私印 獸紐當作徐口私印

口遂之印 瓦紐口當作高

口口私印 鼻紐口口當作鉼傦

口良 瓦紐口當作吳

口光信印 瓦紐口當作傷

口口縣開國侯章 龜紐口口當作松滋

呂口 鼻紐

靳口 瓦紐口當作叔貝

孫口之印 瓦紐孫字疑口當作通

崔口 壇紐口當作幸

口口印信 獸紐子母印子印失口口當作杜珍

口穰印 瓦紐

口雲私印 龜紐

口令之印 鼻紐

口口將軍章 龜紐

口黨私印 鼻紐口當作冬

□□私印
鼻紐□□當作授忘

□臨私印
鼻紐□當作陵

□合成印
鼻紐□當作譑

□猛私印
龜紐□當作柔

□安
鼻紐□當作周

□喜
穿帶

□㪇
鼻紐㪇字疑

□□
鼻紐當作長魯

□□
紐殘當作笘胡

□□
壇紐當作事□

□□□印
龜紐當作袍休尋印

□□之印
瓦紐當作秦□私印

□□私印
龜紐當作□充私印

日□
鼻紐□當作万

□房
龜紐

淸□□
獸紐

□□
壇紐當作事□

□□□□
鼻紐當作丑□李揚

□□
壇紐

□□
鼻紐當作杜□

□□鼻紐
□□鼻紐
□鼻紐剝蝕無字
□□鼻紐當作敬事
□□壇紐
□□鼻紐當作趙口
□□鼻紐
□□壇紐
□□壇紐當作長口
□□□□鼻紐

□□鼻紐
□□□□鼻紐當作宜有全金
□□壇紐
□□壇紐
□□鼻紐當作鼻陰
□□鼻紐當作歐
□壇紐當作私鉌
□□鼻紐當作醫帶
□□□□壇紐當作司馬豎
□□壇紐

口口　壇紐當作口口信鈢

口口　鼻紐

口　鼻紐畫象

口口　壇紐當作南宮口

口口　壇紐當作長口

口口　壇紐當作邦口

口口　壇紐當作敬事

口　鼻紐剎蝕無字

口口　鼻紐當作長穜

口口　鼻紐當作王口

口口　鼻紐當作邵口

口口　壇紐當作㝵志

口口　龜紐

口口口　鼻紐當作夏壽口

口口　壇紐當作杜喜

口口口口　鼻紐當作紝悲信鈢

口口　鼻紐

口　鼻紐

口口　鼻紐

口口　鼻紐當作王之臣

□鼻紐

□□鼻紐當作病青

□□鼻紐當作王氏口義

□獸紐

□□鼻紐

□□鼻紐五方紐上雕花塗金一

□□鼻紐

軍司馬印

001

軍司馬印

002

軍司馬印

003

軍司馬印

004

軍司馬印

005

軍司馬印

006

軍司馬印

007

軍司馬印

008

軍司馬印

009

軍司馬印

010

軍司馬印

011

軍司馬印

012

軍司馬印

013

軍司馬印

014

軍司馬印

015

軍司馬印

016

軍假司馬

017

軍假司馬

018

軍假司馬

019

軍假司馬

020

軍假司馬

021

軍假司馬

022

軍假司馬

023

軍假司馬

024

軍假司馬

025

軍假司馬

026

軍假司馬

027

軍假司馬

028

軍假司馬

029

軍假司馬

030

軍假司馬

031

軍假司馬

032

軍假司馬

033

軍假司馬

034

假司馬印

035

假司馬印

036

假司馬印

037

假司馬印

038

假司馬印

039

假司馬印

040

假司馬印

041

假司馬印

042

假司馬印

043

假司馬印

044

假司馬印

045

假司馬印

046

假司馬印

047

假司馬印

048

假司馬印

049

別部司馬

050

別部司馬

051

別部司馬

052

別部司馬

053

別部司馬

054

別部司馬

055

別部司馬

056

别部司馬

057

别部司馬

058

别部司馬

059

别部司馬

060

別部司馬

061

別部司馬

062

別部司馬

063

別部司馬

064

别部司馬

065

别部司馬

066

别部司馬

067

别部司馬

068

別部司馬

069

別部司馬

070

後將軍假司馬

071

後將軍假司馬

072

監營司馬

073

左將軍軍司馬

074

兼前將軍司馬

075

殿中司馬

076

武勇司馬

077

軍曲候印

078

軍曲候印

079

軍曲候印

080

軍曲候印

081

軍曲候印

082

軍曲候印

083

軍曲候印

084

軍曲候印

085

軍曲候印

086

軍曲候印

087

軍曲候印

088

軍曲候印

089

軍曲候印

090

軍曲候印

091

軍曲候印

092

軍曲候印

093

軍曲候印

094

軍曲候印

095

軍曲候印

096

軍曲候之印

097

軍曲候丞印

098

軍假候印

099

軍假候印

100

關中侯印

101

關中侯印

102

關内侯印

103

關内侯印

104

關內侯印

105

關外侯印

106

景陽亭侯

107

明義侯家丞

108

新定縣侯之印

109

部曲將印

110

部曲將印

111

部曲將印

112

部曲將印

113

部曲將印

114

部曲將印

115

部曲將印

116

部曲將印

117

部曲將印

118

部曲將印

119

部曲將印

120

部曲將印

121

部曲將印

122

部曲將印

123

部曲將印

124

部曲將印

125

部曲將印

126

部曲將印

127

部曲將印

128

部曲將印

129

部曲將印

130

部曲將印

131

部曲將印

132

部曲將印

133

部曲將印

134

部曲將印

135

部曲將印

136

部曲將印

137

部曲將印

138

部曲將印

139

騎部曲將

140

騎部曲將

141

騎部曲將

142

騎部曲將

143

騎部曲將

144

騎部曲將

145

騎部曲將

146

騎部曲將

147

騎部曲將

148

副部曲將

149

部曲督印

150

部曲督印

151

部曲督印

152

部曲督印

153

部曲督印

154

部曲督印

155

部曲督印

156

部曲督印

157

部曲督印

158

部曲督印

159

部曲督印

160

部曲督印

161

部曲督印

162

騎部曲督

163

騎部曲督

164

騎部曲督

165

騎部曲督

166

騎部曲督

167

騎督之印

168

將兵都尉

169

將兵都尉

170

將兵都尉

171

剡左尉印

172

輔國將軍章

173

伏波將軍

174

强弩將軍章

175

左部偏將軍

176

偏將軍印章

177

偏將軍印

178

禽（擒）適（敵）將軍章

179

龍驤將軍章

180

虎賁中郎將印

181

牙門將印

182

牙門將印

183

牙門將之章

184

奉車都尉

185

駙馬都尉

186

駙馬都尉

187

阿陽長印

188

東海廟長

189

故鄣長印

190

新陽長印

191

魏烏丸率善佰長

192

魏烏丸率善佰長

193

魏烏丸率善長

194

魏率善羌佰長

195

魏率善氐佰長

196

魏率善氐邑長

197

漢歸義胡佰長

198

晉烏丸率善佰長

199

晉率善羌佰長

200

晉率善氐仟長

201

晉率善氐佰長

202

晉率善氐邑長

203

晉率善氐邑長

204

傿陵馬丞印

205

鄭縣馬丞印

206

就武男家丞

207

左馮翊丞

208

顯平詹事丞印

209

河東公主丞印

210

親晉王印

211

親晉胡王

212

晉歸義氐王

213

晉歸義氐王

214

訾鄉世子印

215

中使之印

216

臨涇令印

217

單尉爲百衆刻千歲印

218

魏興太守章

219

中大將軍校尉章

220

杜陵□史

221

趙永私印

222

趙賀私印

223

趙定私印

224

趙禹私印

225

趙樅私印

226

趙竟私印

227

趙匡私印

228

趙翊私印

229

趙衍私印

230

趙閎私印

231

趙武之印

232

趙尊之印

233

趙廣之印

234

趙鮮之印

235

趙稱之印

236

趙廣漢印

237

趙橫之印

238

趙護之印

239

趙士禬印

240

趙氏不俄

241

梢右大

242

趙常有

243

趙嬰齊

244

趙益昌　趙長孟

245

趙盧稽

246

趙仲

247

趙勝

248

趙可

249

趙焉

250

趙忠

251

趙末 臣末

252

趙末　臣末

253

趙徽

254

孫由私印

255

孫堪私印

256

孫渡私印

257

孫賽私印

258

孫剛私印

259

孫世之印

260

孫世之印

261

孫廣之印

262

孫聖麔印

263

孫並信印

264

孫稱信印

265

孫成印　孫少孺

266

孫不侵

267

孫憲

268

孫憲

269

孫樂

270

孫參

271

孫尊

272

孫遂

273

孫賢

274

孫宣

275

孫緩

276

孫質

277

孫譚

278

李□私印

279

李隆私印

280

李戎私印

281

李参私印

282

李臨私印

283

李咸私印

284

□拘私印

285

李樂私印

286

李受私印

287

李蜀之印

288

李説之印

289

李田之印

290

李田之印

291

李順之印

292

李鄰之印

293

李忠之印

294

李禁之印

295

李術之印

296

李廣之印

297

李孟之印

298

李珙之印

299

李受印信

300

李萬歲印

301

李千秋印

302

李逢時印

303

李異衆印

304

李子齊印

305

李遂成印

306

李長賓印

307

李辟彊印　李子佩

308

李逢印

309

李况印

310

李忠印

311

李便印

312

李壽王

313

李猛士

314

李千秋　日利

315

〔肖形印〕　李冒豎

316

李幼猜

317

李信

318

李賢

319

李德

320

李氏

321

李世

322

李秋

323

李臺

324

李寶

325

李平

326

李平

327

李禄

328

李始

329

李祐

330

李貢

331

李甲

332

李溥

333

周軌私印

334

周護私印

335

周元私印

336

周忠之印

337

周義之印

338

周外之印　臣外之印

339

周安世印

340

闕里周仲　周子音印

341

周充印

342

周陽嬟

343

周鶱

344

吴赏私印

345

吴赏私印

346

吴立私印

347

吴望私印

348

吴子嚴印

349

吴去病印

350

吴横昌

351

吴息　臣息

352

吴焉

353

吴畔

354

鄭安私印

355

鄭衆之印

356

鄭奉光印

357

鄭望印

358

鄭肥

359

鄭拾

360

王鳳私印

361

王鳳私印

362

王宣私印

363

王萌私印

364

王昍私印

365

王成私印

366

王收私印

367

王尊私印

368

王守私印

369

王崇私印

370

王隆私印

371

王隆私印

372

王豐私印

373

王蜀私印

374

王普私印

375

王安私印

376

王就私印

377

王祖私印

378

王登私印

379

王雲私印

380

王鉅私印

381

王國之印

382

王良之印

383

王延之印

384

王横之印

385

王安之印

386

王望之印

387

王志之印

388

王成之印

389

王福之印

390

王强之印　臣强

391

王譚之印

392

王君公印

393

王病巳印

394

王長賓印

395

王千秋印

396

王覃印信

397

王湯信印

398

王□印

399

王建印

400

王穰印

401

王彊印

402

王毋傷　臣毋傷

403

王千秋

404

王緹　王王孫

405

王建成

406

王毋辟　臣毋辟

407

王忠

408

王充

409

王平

410

王與

411

王猴

412

王[illegible]

413

王佗

414

王更

415

王聖

416

王更

417

王陵

418

王成

419

王偃

420

王何

421

王懷

422

王産

423

王迖 臣迖

424

王絇

425

王口

426

王敞

427

王憲

428

馮戎私印

429

馮戎私印

430

馮賀之印

431

432 馮丹之印

433 馮牴之印

434 馮豪

435 馮信

魏陽都

436

魏衆之印

437

魏明印

438

魏章印

439

魏延年

440

魏章私印

441

魏福　臣福

442

魏壙

443

陳豐私印

444

陳並私印

445

陳黑私印

446

陳買私印

447

陳業私印

448

陳利之印

449

陳禁之印

450

陳子康印

451

陳長君印

452

陳不侵印

453

陳不害

454

陳就

455

陳襄

456

陳行

457

陳牲

458

衛强私印

459

衛樂世印

460

衛駿印

461

衛長筞

462

衛德

463

衛業

464

衛臣

465

韓迴之印

466

韓末印

467

韓減

468

韓禹

469

韓樂

470

楊奠私印

471

楊護私印

472

楊延年印

473

楊氏仲釁

474

椋守印

475

楊叵印

476

楊千秋

477

楊虞君

478

楊延壽

479

楊忘得

480

楊賽

481

楊乙

482

楊護

483

楊戚

484

楊賞

485

楊憙

486

楊穿

487

楊瘛

488

朱延壽印

489

朱賜光印

490

秦穆印信

491

秦捐

492

許蒼私印

493

許友之印

494

許少君印

495

許寧字印

496

許君固印

497

許癸　許安

498

許輔

499

何燰私印

500

何泰之印

501

呂護私印

502

呂放私印

503

呂賁之印

504

呂遂之印

505

呂福

506

張衆私印

507

張象私印

508

張郁私印

509

張輔私印

510

張鎮私印

511

張最私印

512

張最私印

513

張最私印

514

張光私印

515

張閎私印

516

張己私印

517

張臨私印

518

張路私印

519

張鳳私印

520

張咸私印

521

張廣私印

522

張猛私印

523

張弼私印

524

張戉私印

525

張戉私印

526

張宜私印

527

張良私印

528

張良私印

529

張葆私印

530

張清私印

531

張勝之印

532

張順之印

533

張偉之印

534

張邦之印

535

張午之印

536

張弘之印

537

張宗之印

538

張安之印　臣安

539

張它人印

540

張蓋衆印

541

張大普印

542

張常賢印

543

張安昌印

544

張毋畏印

545

張從氣印

546

張千秋印

547

張參印信

548

張達時印

549

張達時印

550

張達時印

551

552

張定國印　張幼卿印

553

張受之印

554

張延壽印

555

張調印

張狗印

556

張外印

557

張耐印

558

張庶罢　臣庶罢

559

張長兄

560

張安世

561

張舍人

562

張安定　張少公

563

張延壽

564

張宜王　臣宜王

565

張野臣

566

張初

567

張禁

568

張宣

569

張杌

570

張忘遇（肖形印）

571

張受

572

張鼎

573

張衆

574

張恆

575

張觸

576

張□

577

張齊

578

張喜

579

張止

580

張代

581

張宮

582

張黑

583

張臨

584

張疵

585

張遂　臣遂

586

張從

587

張福

588

張匽

589

張買

590

張參

591

孔年

592

孔爵　臣爵

593

曹安漢

594

曹衡私印

595

曹從

596

嚴珍之章

597

金豐私印

598

戚長君印　戚毋害印

599

600

謝林私印

601

謝護私印

602

鄒吉之印

603

鄒良印信

宋遂私印

604

宋充私印

605

宋長私印

606

宋臨私印

607

宋歸私印

608

汝南安成宋外字外人

609

宋不識印

610

宋忘得

611

宋賞

612

宋讋

613

宋德

614

宋顥

615

宋鄙

616

宋福

617

宋福

618

宋壽

619

馬敞私印

620

馬守私印

621

馬禹私印

622

馬齊私印

623

馬秋私印

624

馬充之印

625

馬彤之印

626

馬温舒印

627

馬適衡印

628

馬適宫印

629

馬友崇印

630

馬弘印

631

馬莫邪

632

馬病去

633

馬長年

634

馬忠

635

馬觸

636

馬受

637

徐況私印

638

徐居之印

639

徐咸之印

640

徐弘信印

641

徐亦世印

642

徐博

643

徐禹

644

徐安

645

徐順

646

童永私印

647

黄立私印

648

董誤之印　董少公印

649

董宣之印

650

董禹印

651

董周印

652

董長印

653

董勝

654

董輔

655

董得

656

劉初私印

657

劉勝私印

658

劉安私印

659

劉憓私印

660

劉容之印

661

劉猛友印

662

劉祈印信

663

劉翁孟

664

劉魁

665

尹鳳私印

666

尹忠私印

667

尹尊私印

668

尹勝私印

669

尹崇私印

670

尹僕私印

671

尹從之印

672

尹從之印

673

尹千秋印

674

尹萬歲印

675

尹明

676

尹熹

677

尹時

678

欒隆私印

679

樂士私印

680

樂脩之印

681

樂未央印

682

樂利親印

683

684

樂偏

685

樂畢

686

傅敞之印

687

傅聯印信

傅延壽

688

傅外印　傅中卿

689

傅黨

690

左曼私印

691

左由私印

692

左玄私印

693

左戎私印

694

左調私印

695

左崇之印

696

左饒之印

697

左親之印

698

左談之印

699

左林之印

700

左長孫印

701

左萬

702

虞敞私印

703

虞敞私印

704

虞遂成

705

虞壽

706

虞距

707

虞放

708

高富私印

709

高皋私印

710

高林私印

711

高友私印

712

高歙私印

713

高得之印

714

高海之印

715

高賢之印

716

高登之印

717

高龍子印

718

高媜

719

高沛

720

靳戎之印

721

鞠章之印

722

靳術

723

苑勝

724

郭陽私印

725

郭佳私印

726

郭憲私印

727

郭安之印

728

郭颯印信

729

郭次君印

730

郭奉德印

731

郭就印

732

郭呂印

733

郭誼印

734

郭彭祖

735

享吸

736

郭福

737

郭敞

738

享龤

739

郭圉

740

郭禹

741

杜隆私印

742

杜妨之印

743

杜尊之印

744

杜親之印

745

杜萬

746

杜畜

747

任芟之印

748

任寬之印

749

任尊之印

750

任賢之印

751

任彭沮印

752

任賀

753

任賀

754

任賀

755

任賀

756

任賀

757

任賀

758

黃之私印

759

黃吉私印

760

黄喜私印

761

黄忠之印

762

黄音私印

763

黄神越章

764

黃兄　黃視

765

黃聽

766

成相私印

767

成相私印

768

成相私印

769

成相私印

770

成遷私印

771

成長之印

772

成攻勝之　臣勝之

773

成細君

774

成延年

775

成當

776

成便

777

成海

778

夏譚私印　夏子儀印

779

夏鳳私印

780

夏賢之印

781

夏憲之印

782

夏弘之印

783

夏譚

784

夏訢

785

陽順私印

786

陽成終印

787

陽成秋印

788

楊與成印

789

陽欣

790

田譚私印

791

田壽私印

792

田賢私印

793

田戊之印

794

田忠之印

795

田璜

796

田逆

797

田尊

798

厐德私印

799

龐鳳私印

800

龐荼私印

801

龐並印

802

龐詡

803

彭成私印

804

彭將來印

805

彭護衆印

806

彭遂之印

807

彭安印

808

單憙私印

809

單吏之印

810

單少卿印

811

良里單印

812

單人祭尊

813

單壽

814

侯常私印

815

侯農私印

816

侯福私印

817

侯尉私印

818

侯放私印

819

侯高私印

820

侯阮之印

821

侯朋印章　比

822

侯詩

823

侯代

824

侯同

825

史美私印

826

史豐私印

827

史聖之印

828

史柳之印

829

史咸之印

830

史禄之印

831

史倉之印

832

皮獲宗印

833

史承賢印

834

史得意印

835

史穿信印

836

史穰印

837

程豐私印

838

程當之印

839

程奉上印

840

程柱國印

841

程問𡰥（夷）印

842

程當時　日利

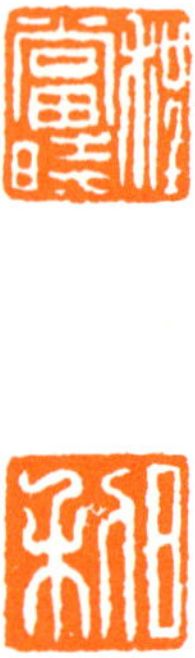

843

程番梧　程卿

844

程敞

845

程通　日利

846

程延壽

847

程赦

848

程齒

849

程由

850

莊買私印

851

莊德私印

852

莊德之印

853

莊柱之印

854

莊友之印

855

莊奉世印

856

莊慶

857

莊樛

858

龔宏私印

859

龔大年印

860

龔魯人

861

賈千秋

862

賈彪

863

賈志

864

雍根私印

865

雍賢私印

866

雍逢

867

富軻私印

868

富順私印

869

富美之印

870

富武强印

871

富賢（賢）□□

872

路石之印

873

路武之印

874

路豐

875

毛福私印

876

毛忠之印

877

毛長君印

878

毛明友印

879

梁舷之印

880

梁虞人

881

梁騰

882

鄧駿之印

883

鄧到

884

慶循私印

885

慶文私印

886

慶安衆印

887

茅鄉

888

茅仐

889

郝延年印

890

郝慶

891

爰聖私印

892

爰罷軍印

893

垣誙印

894

觀廣私印

895

袁普私印　袁巨君印

896

蔡公信印

897

畢延壽印

898

錡隆私印

899

霍義之印

900

霍末少

901

桓護私印

902

桓湯之印

903

服忠之印

904

辛戌之印

905

李岑之信印

906

貫壽

907

冬蓋私印

908

冬願私印

909

潘禹 臣禹

910

摯交便

911

隨彭

912

井柱之印

913

甄翁生印　日利千萬

914

增奮印

915

盧建印

916

長信君印

917

駱恬印

918

武長壽印

919

鐘晏私印

920

余禁

921

巨沮彈印

922

卜胡之印

923

扁調

924

宛護私印

925

敕忠私印

926

暴不害印

927

瞿長樂印

928

毋忠

929

羊異

930

丘用堇章

931

丘常

932

齊尊之印

933

齊平印

934

商延

935

肥安成

936

肥終

937

輔嬰隋

938

稾（郭）高

939

常欣

940

里歆私印

941

明上

942

烏昫聞

943

繆承章印

944

范曾子印

945

范賢

946

蕭中巳　臣中巳

947

南邪　日利

948

所章印

949

頓宮之印

950

顏平

951

州武之印

952

州長遂印

953

父老

954

善壽

955

閭丘阜印

956

閭丘猛

957

署毋傷

958

封破胡印

959

吾丘部

960

翟捐

961

翟延

962

倉善

963

犂青辟

964

繚赦

965

召相

966

召武

967

大叔長子　大叔赦之

968

上官駿印

969

西門舍

970

綦毋效印

971

淳于德印

972

淳于德印

973

淳于弘印

974

淳于惢

975

公孫順私印

976

公孫勝印

977

公孫欨印

978

公孫饒印

979

公孫□軍

980

公孫春

981

公孫内

982

司馬之印

983

司馬尚印

984

司馬成印

985

司馬守印

986

司馬閻印

987

司馬益壽

988

司馬去疾

989

司馬奉

990

召憲私印

991

丁福之印

992

丁豐之印章

993

丁翊印

994

丁涣

995

丁咸

996

長賈私印

997

龍彥佐

998

甯賽私印

999

甯禄之印

1000

孟安私印

1001

孟午私印

1002

孟饒

1003

石光私印

1004

石史之印

1005

石廣之印

1006

石訢之印

1007

石利之印

1008

石郝　臣郝

1009

石犢

1010

長利唯印

1011

輸符唯印

1012

蓋沈印信

1013

戰賢

1014

中樂咸印

1015

仲連氏

1016

方栝之印

1017

茅宣私印

1018

甘腫行事

1019

薛長受印

1020

薛武印

1021

事斅

1022

事瘍

1023

事閒

1024

中戎私印

1025

向滑縶

1026

向逢

1027

焦伋私印

1028

焦伋私印

1029

焦伋私印

1030

焦肆之印

1031

焦丹之印　臣丹

1032

焦義

1033

紀宮印

1034

紀衆

1035

羽子豪

1036

羽豐

1037

皃蟜私印

1038

弁安國　弁小青

1039

兒恭

1040

蘇育私印

1041

蘇亶私印

1042

蘇良之印

1043

蘇顥印信

1044

蘇剽容印

1045

蘇定世　蘇君孟

1046

鄧相私印

1047

□肱

1048

師褒

1049

師昂印信

1050

芮贛

1051

蒲彊私印

1052

崔闓之印

1053

滕買印

1054

屈侯駿印　屈駿

1055

郎樂之印

1056

郎循之印

1057

顧威之印

1058

顧氏朗哉

1059

耿常有印

1060

耿吸

1061

耿恭

1062

衡良私印

1063

官誤之印

1064

尚咸私印

1065

尚欽私印

1066

尚普私印字子良

1067

卑耐之印

1068

卑耐之印

1069

卑耐之印

1070

卑肱白記

1071

恆嘉

1072

榮安私印

1073

段游之印

1074

段楚之印

1075

段堂之印

1076

茀武

1077

胡豐私印

1078

房賜私印

1079

房園

1080

樊農私印

1081

蓋賜之印

1082

魯柱宗

1083

青世私印

1084

青世私印

1085

青世私印

1086

青世私印

1087

江志私印

1088

江師弓印

1089

昭妫信印　昭長卿印

1090

曾禄之印

1091

桓龍

1092

解安私印

1093

宫音私印

1094

萇釿印信

1095

祝大君印

1096

柲豐私印

1097

鞏歸之印

1098

聃慎之印

1099

偏豐私印

1100

泠反私印

1101

泠憙

1102

皇建之印

1103

皇大之印

1104

留商之印

1105

原咸之印

1106

宗式之印

1107

宗安

1108

迵通之印

1109

溓饒私印

1110

茌諫之印

1111

古細之印

1112

伊衆之印

1113

譚喜之印

1114

從中時印

1115

姚富私印

1116

沙門祖偁

1117

脩並私印

1118

殷壽私印

1119

殷異方　臣異方

1120

刀珍印信

1121

刀堯之印

1122

勷聖之印

1123

韋咸私印

1124

周況私印

1125

唐福　臣福

1126

監吉之印

1127

監耐

1128

韓並私印

1129

嗚珂私印

1130

大明詩人林古度之印

1131

司國忠印

1132

行子真印

1133

桑成私印

1134

种惲私印

1135

季道

1136

柳星

1137

陸陽私印

1138

逯豐

1139

倄躬德以俟賢世興顯令名存

1140

畏偏

1141

畏偏

1142

日利

1143

天麐

1144

浅睪

1145

德卿

1146

頓首

1147

德徽

1148

□

1149

公孫革

1150

教化仁甫

1151

謨父氏

1152

天勝

1153

天勝

1154

山林

1155

藾賞

1156

小窗

1157

千秋

1158

忠仁思士

1159

田則　臣則

1160

封

1161

出入大吉

1162

子敬

1163

文侯

1164

愚菴

1165

劍士

1166

之宷言事

1167

詓

1168

臣愛睡

1169

頓首再拜

1170

臣匡

1171

世雄

1172

生富

1173

壽

1174

牽□豙

1175

涯海維揚一俊人

1176

昌

1177

立木之鉩

1178

日利

1179

字肇魯

1180

臣智（肖形印）

1181

喜

1182

□□之

1183

聖人

1184

昆合

1185

罣蒼

1186

江驢

1187

胡次之印

1188

楊杌

1189

奚□□印

1190

馬師龤印

1191

陳□

1192

灌瓦之印

1193

明情

1194

萇佩私印

1195

刑倗私印

1196

吕竟私印

1197

吕恔

1198

鄭泔

1199

靳賛

1200

淳于啓（肖形印）

1201

孫通之印

1202

成[足皇]之

1203

崔幸

1204

徐佚私印

1205

□□印信

1206

1207

高遂之印

1208

罕穰印

1209

鉼㑒私印

1210

翡雲私印

□良

1211

鄲令之印

1212

□光信印

1213

折沖（衝）將軍之章

1214

□□縣開國侯章

1215

□黨私印

1216

□忌私印

1217

袍休尋印

1218

陵臨私印

1219

□侍之印

1220

趫合成印

1221

□□私印

1222

柔猛私印

1223

白兀

1224

賈安

1225

□房

1226

□喜

1227

清痀□

1228

肴觳

1229

事痔

1230

長鄙

1231

□□□揚

1232

□□

1233

森[illegible]（[illegible]）

1234

事譍

1235

李□

1236

必勑

1237

□蒟

1238

盧緄

1239

宜又（有）百金

1240

□

1241

慮良

1242

事敬

1243

瓔稾（椁）

1244

廚（厨）畢

1245

鬻险（陰）

1246

肖（趙）朔

1247

歍

1248

郅（基）乍

1249

私尔（璽）

1250

㱏（夏）猳

1251

聖西乘□

1252

長粵（華）

1253

司馬豎

1254

1255

率□纕

1256

□瓔

1257

□□信鉩

1258

邵誅

1259

□□

1260

㝵（得）志

1261

（肖形印）

1262

頁□忌

□□

1263

□□

1264

長瓔

1265

杢高

1266

郏丞

1267

紀恂信鉨

1268

事敬

1269

矛□

1270

□

1271

悊

1272

長穜（種）

1273

青長見

1274

王旃

1275

王生臣

1276

彔

1277

□□

1278

痀□

1279

□□□□

1280

□□□□

1281

□□□□

1282

□□

1283

□□□□

1284

□□□□

1285

□□

1286

□

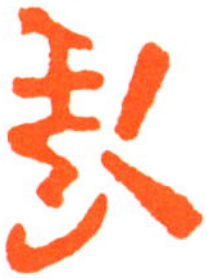

1287

官印所仿自有書契以来未之有考至周官掌節始見職掌私印則秦時多鑄金刻玉以為之逮漢彌繁顧玉常少於金流傳者益罕我

皇上稽古博物既嘗舉鐘鼎之款識若鑑銘若泉貨一一攷据而證辨之復取秦漢以来印章列之成譜捴得官印二百二十有一私印一千七十官印各從其類私印各從其姓文之不可辨識及疑者附焉名

曰金薤留珍
御製長歌冠於篇首古情彬郁逸韻鏘
流臣等拜觀全冊爛兮若卿雲之
麗霄煜乎如丹霞之成綺寶深慶
諸印之上蒙
乙覽仰承
睿藻散者以聚湮者以彰珎同拱璧遂
得傳之永永也且印文之姓氏官
爵可以訂正史可以備軼聞又豈
特存篆籀之遺法足供字學之一

助哉夫天府之藏圖書典籍玉軸縹囊焜耀延閣而笵金撥蠟雕篆之末亦得登文房而邀
宸賞題詠及之蓋雖不以羅致爲富而細大畢收攷古者獲覩西京以上韞櫝而珎襲之不亦宜乎臣等幸與編次謹拜手稽首識諸簡末臣蔣溥臣汪由敦臣嵇璜臣董邦達臣裘曰修臣觀保臣錢維城臣于敏中恭跋

跋

《金薤留珍》一書，係故宮博物院早年所編的一部清宮舊藏古代璽印的印譜，于一九二六年傳拓、出版。收入譜中的一千二百九十餘方銅印，原爲清乾隆朝所搜集，曾分五篋儲藏于宮中東壁圖書府，現藏臺北故宮博物院。

古代璽印是人們作爲昭明信用的憑證，劉熙《釋名》謂：「印者，信也。」同時，官璽也是國家行政機構實行職權的工具。宋代金石學大興，學者將傳世的公、私收藏之歷代青銅器、碑版等文物匯編著録成書，公之于世，成爲一時之新風氣。受此影響，作爲文物小宗的璽印也漸受關注，已經有人開始對古代璽印加以搜集和著録，如黄伯思的《博古圖説》，就曾著録歷代印章十七品二百四十五方，再如王俅《嘯堂集古録》、薛尚功《歷代鐘鼎彝器款識法帖》及王黼主編的《宣和博古圖》等書，都曾著録了一些古代璽印。據説宋代皇祐初曾命太常摹歷代印書爲圖，宣和年間又有《宣和印史》（參見潘祖蔭《齊魯古印攈序》），這是專門著録古印印譜之濫觴，然而今日未見，不知確否。另據晁公武《郡齋讀書誌》著録，晁克一有《集古印格》一卷（見羅福頤《古璽印概論》第十四章，文物出版社，一九八一年），吾丘衍《學古編》也謂姜夔有《集古印譜》，今皆不傳。自此，古代璽印便從單一的文物收藏價值，由印譜這一承載體轉爲傳承篆刻藝術之美的全部。

隨著金石學在清代的盎然復興，著録古代璽印的印譜大量湧現。據羅福頤先生統計，自明清以降至民國年間，所著録的印譜計有一百四十六種之多，其中所收的璽印，除去重出和僞品以外，其數量約有四萬餘方（同上）。值得一提的是，到晚清已開始出現專收古璽的譜録，如吴大澂的《千鉩齋古鉩選》。陳介祺的《十鐘山房印舉》，將潘毅堂看篆樓、何昆玉吉金齋、葉志詵平安館、李璋煜愛吾鼎齋等數家藏印，合其自己所藏古璽印，集拓爲一書，收録古璽之富，實爲冠首。

《金薤留珍》所收清宫舊藏古代璽印，從數量上看，雖不及山東濰縣陳介祺萬印樓藏印之精且夥，但也不在少數之列，其與廣東番禺潘毅堂的看篆樓、廣東高要何昆玉兄弟的吉金齋所藏印相比，可互爲伯仲，這些在本書莊藴寬先生的序言中已有提及。

《金薤留珍》所收，以漢印最爲豐富；雖然先秦古璽、秦印不多，不足十分之二，但珍品不少；兩漢、魏晉南北朝官印及少量後世少數民族政權官印中，亦不乏精品；其篆文風格之多姿多彩，方寸佈局之構思精巧，令人印象深刻，尤以私印最爲引人入勝。

《金薤留珍》印譜所見的這些古代篆刻作品，除了呈現給讀者從紙面上欣賞篆刻藝術魅力之外，更是研究古代職官、地理、姓氏譜系的重要珍貴資料，對於瞭解戰國以降漢字的演變以及歷史和文化的面貌無疑有著重要的意義。

特别需要指出的是，《金薤留珍》的傳拓、出版，是在故宫博物院剛建立的第二年，有鑒於當年春天京師的一場兵變，主事者擔憂「時事凾鮠，時有長林湮覆之懼」，爲了「使此吉金文字稍稍傳播，爲經籍稽古之助」，「就原譜編次」，「重拓二十四部，體例、類别悉仍其舊」（見莊藴寬序），鈐拓工作由王禔、唐源鄴、馬衡、吴瀛先生主持，協助鈐拓者爲周白吾、齊念衡、莊嚴、馬權先生，凡三月而竣。前輩學者們爲傳承中國文化所做出的努力奉獻，值得稱頌。

因鑒於《金薤留珍》的出版已九十餘年，坊間難覓此書，爲弘揚中國傳統文化，傳播篆刻藝術，浙江人民美術出版社擬將此印譜再版，由我對原書印章釋文一一校對，重作釋文。今付梓在即，贅上數語，是以爲跋。

曹錦炎　二〇一九年初夏于杭州西子湖畔寶石山下